Bibliografische Information der Deutschen Nationalbibliothek:

Die Deutsche Bibliothek verzeichnet diese Publikation in der Deutschen National-
bibliografie; detaillierte bibliografische Daten sind im Internet über http://dnb.d-
nb.de/ abrufbar.

Impressum:

Copyright © 2004 GRIN Verlag, Open Publishing GmbH
Druck und Bindung: Books on Demand GmbH, Norderstedt Germany
ISBN: 978-3-668-08584-8

Dieses Buch bei GRIN:

http://www.grin.com/de/e-book/109220/die-politische-relevanz-der-migration-in-
der-bundesrepublik-deutschland

Sasa Mitrovic, Daniela Springer

Die politische Relevanz der Migration in der Bundesrepublik Deutschland und in Europa

GRIN Verlag

Daniela Springer
Saša Mitrović

Seminar: Einführung in die Demographie (SS 2004)

Johann Wolfgang Goethe-Universität Frankfurt am Main

Studiengang

Politikwissenschaft (Diplom, 7.Fachsemester)   Soziologie (Diplom, 9.Fachsemester)

Wahlpflichtfach:

Volkswirtschaftslehre   Volkswirtschaftslehre

1. Nebenfach:

Methoden der emp. Sozialforschung   Methoden der emp. Sozialforschung

2. Nebenfach:

Statistik   Politikwissenschaft

Die politische Relevanz der Migration in der Bundesrepublik Deutschland und in Europa

- Eine Analyse der Bedeutung und Wirkung des demographischen Faktors Migration
aus historischer, gegenwärtiger und zukünftiger Sicht -

1) Inhaltsverzeichnis

1) Migration als demographischer Faktor

Das heutige Zeitalter der Globalisierung und Transnationalisierung geht einher mit einer zunehmenden Überalterung der Bevölkerung und einer damit verbundenen Schrumpfung der Erwerbspersonen. Dies trifft insbesondere in den wohlhabenden Industrieländern zu, für die die Migration im Angesicht niedriger Geburtenraten und einer zunehmend alternden Bevölkerung zu einem unentbehrlichen demographischen Kernfaktor geworden ist.

Unsere Leitfragen lauten:
→ Welche politische und ökonomische Rolle spielte und spielt die Migration in der BRD und in Europa?
→ Wie soll eine zukünftige europäische Migrationspolitik idealerweise ausgestaltet sein?

Wir beginnen unsere Analyse mit dem Punkt 2, einem geschichtlichen Abriß über die sechs Hauptphasen der Migration in der Bundesrepublik Deutschland (BRD), die sich vom Ende des Zweiten Weltkrieges an bis in die 1990er Jahre ereigneten und die Zusammensetzung der deutschen Nachkriegsbevölkerung mitbeeinflußten.

Im Punkt 3 beleuchten wir die Bedeutung der Migration für Deutschland aus innenpolitischer Sicht.

Anhand des vierten Punktes unserer Arbeit diskutieren wir die außenpolitischen Aspekte der Zuwanderung. Dabei beantworten wir zunächst einmal die Frage, inwiefern die Migration neben ihren innenpolitischen Implikationen auch außenpolitische beinhaltet. Anschließend erklären wir den Einwanderungskontinent Europa und benennen die Möglichkeiten einer politischen Steuerung der Zuwanderung, ehe wir unsere Arbeit mit einer finalen Bewertung und einem Ausblick in Punkt 5 abschließen.

2) Die sechs Phasen deutscher Migrationsgeschichte ab 1945

2.1) Zuwanderung von mehrheitlich deutschstämmigen Flüchtlingen und Vertriebenen; Rückwanderung oder Weiterwanderung nicht-deutscher Zwangsarbeiter und KZ- Häftlinge aus der Zeit des Dritten Reiches (1945 – 1949)

Nach 1945 bestanden die Migrationsströme der Flüchtlinge und Vertriebenen nach Deutschland vor allem aus deutschen Staatsbürgern der ehemaligen deutschen Ostgebiete sowie aus Volksdeutschen aus den Ländern Polen, der Tschechoslowakei, Ungarn und Jugoslawien.[1]
Dazu schreibt Hedwig Rudolph: „Die Alliierten hatten diesen erzwungenen Exodus von Millionen Deutschen aus den polnisch bzw. sowjetisch verwalteten und später annektierten Ostgebieten sowie aus der wieder errichteten Tschechoslowakei gebilligt. Es handelte sich dabei zweifellos um eine Form der Ethnischen Säuberung."[2]
Zwischen 1945 und 1950 immigrierten 12,5 Millionen Personen. Obwohl diese unfreiwillige Migration auch zu sozialen Spannungen und Konflikten führte, beruht das eigentliche deutsche Wirtschaftswunder auf der erfolgreichen Integration dieser Flüchtlinge und Vertriebenen, da sie für den durch Kriegsverluste bedingten Engpass an Arbeitskräften eine wichtige ökonomische Ressource darstellten.[3]
In den Jahren 1950 bis 1994 erfolgte ein Zuzug von ca. 3,2 Millionen Deutschen aus Osteuropa (44% aus Polen, 36% aus der ehemaligen UdSSR und 13% aus Rumänien).

---

[1] vgl. Rudolph (1996:163).
[2] Rudolph (1996:163).
[3] vgl. ebd. (1996:167).

Zunächst konnten Aussiedler anhand zwischenstaatlicher Abkommen der Bundesrepublik mit dem jeweiligen Herkunftsland in die BRD einreisen, wenn sie einen Antrag auf Familienzusammenführung stellten.[4]

Allerdings wurde die Bewegungsfreiheit der deutsch-stämmigen Bürger in den sozialistischen Ländern Osteuropas seit Anfang der 1950er Jahre erheblich eingeschränkt, so daß die Zahl der Einwanderer eher gering war. Erst mit dem Fall des Eisernen Vorhangs und dem damit verbundenen Wegfall der Reisebeschränkungen in Osteuropa Ende der 1980er Jahre stieg die Zahl der volksdeutschen Migranten erheblich an. Aufgrund dieser neuen Entwicklung verabschiedete die Bundesrepublik am 01. Juli 1990 das „Aussiedleraufnahmegesetz", nach welchem potentielle Aussiedler bereits vom Herkunftsland ihre Einreise nach Deutschland beantragen mußten.[5]

2.2) Erste Hochphase der Wanderungen zwischen Ost- und Westdeutschland (1949 – 1961), Aus- und Rückwanderung von Deutschen

Nach der Gründung der DDR im Jahr 1949 verließen bis zum Bau der Mauer im August 1961 ungefähr 3,8 Millionen Ostdeutsche, die sogenannten Übersiedler, ihr Land. Begründet war dieser stetige und hohe Fortzug vor allem mit dem Wunsch nach Familienzusammenführung. Doch auch die Unzufriedenheit mit dem politischen System und die enorme Anziehungskraft des westdeutschen Wirtschaftswunders spielten eine ausschlaggebende Rolle. Zeitgleich fand auch eine West-Ost-Wanderung von 393.000 Personen statt.

---

[4] vgl. Münz/Ulrich (1996:8).
[5] vgl. Münz/Ulrich (1996:10).

Die Übersiedlung der Westdeutschen in die DDR war meist politisch motiviert oder hatte familiäre Gründe.[6] Das extrem asymmetrische Wanderungssaldo wird als Ausdruck der relativen Attraktivität beider deutschen Staaten, im wirtschaftlichen und politisch-institutionellem Sinne, verstanden.

Diese konstant hohen Wanderungsverluste bedeuteten für das sozialistische System der DDR eine zunehmende politische und wirtschaftliche Destabilisierung. Münz und Ulrich beschreiben die damalige Situation wie folgt: „Diese Destabilisierung verstärkte sich, da die ostdeutsche Bevölkerung auf Versorgungsengpässe und die Durchsetzung sozialistischer Eigentumsverhältnisse (Verstaatlichung auch des Kleingewerbes, Kollektivierung der Landwirtschaft) jeweils mit Abwanderung reagierte."[7]

Als es dann in den Jahren 1960/61 wieder zu einer hohen Anzahl von Emigranten kam, beschloß die ostdeutsche Führung weitere Emigration aus der DDR mit dem Bau der Berliner Mauer, und der damit verbundenen Schließung der innerdeutschen Grenze, zu verhindern.

In der darauf folgenden Phase von 1962 bis 1988 verminderte sich die Zahl der Übersiedler von Ost nach West um einen jährlichen Durchschnitt von etwa 23.000 Personen. Auch die West-Ost-Migration sank auf ca. 3.000 Personen im Jahr. In der Phase der geschlossenen Grenze konnten insgesamt 600.000 Ostdeutsche nach Westdeutschland immigrieren. Dieser Personenkreis bestand überwiegend aus freigekauften Häftlingen oder Personen, über deren Ausreise individuell verhandelt worden war und Rentnern, welche mehrheitlich frei reisen durften.[8]

---

[6] vgl. Münz/Ulrich (1996:11).
[7] Münz/Ulrich (1996:11f.).
[8] vgl. ebd. (1996:12).

Erst 1989 führte eine weitere politische Destabilisierung des SED-Regimes zu hoher Abwanderung, die gegen den Willen der Behörden stattfand. Zehntausende ergriffen die Flucht in den Westen über die bundesdeutschen Botschaften in Prag und Budapest oder über die ungarisch-österreichische Grenze. Der Fall der Berliner Mauer war dann Auslöser für eine jeglicher Kontrolle entzogene Massenabwanderung vieler DDR-Bürger. Diese förderte schließlich entscheidend den Zusammenbruch der DDR 1989/90.[9]

Nach der deutschen Wiedervereinigung nahm die Zahl der Ost-West-Emigranten spürbar ab, gleichzeitig erhöhte sich aber die Zahl der Migration in die neuen Bundesländer. Insgesamt verlor Ostdeutschland zwischen 1949 und 1993 durch Abwanderung rund ein Viertel seiner Bevölkerung, nämlich 5,9 Millionen Bürger. Dagegen wanderten nur 822.000 BRD-Bürger in den Osten.[10]

Einen weiteren Aspekt in der deutschen Migrationsgeschichte stellt die hohe nicht zu vernachlässigende Auswanderung von Deutschen dar. So wanderten im 19. und frühen 20. Jahrhundert ca. sieben bis acht Millionen Deutsche aus politischen und ökonomischen Gründen nach Übersee (USA, Kanada und Südamerika) ab. In den 1930er Jahren stand die politisch motivierte Auswanderung im Vordergrund. Viele Menschen flohen vor der Verfolgung durch das nationalsozialistische System in europäische Nach-barstaaten, die USA, die Sowjetunion und andere Staaten in Übersee. Nach dem Ende des Zweiten Weltkrieges versuchten viele Menschen das zerstörte Deutschland Richtung Übersee zu verlassen.

---

[9] vgl. Münz/Ulrich (1996:12).
[10] vgl. ebd. (1996:13).

Münz/Ulrich sehen dafür folgende Erklärung: „Manchen ging es um bessere Berufschancen, andere wollten der „Enge" der Nachkriegsgesellschaft entfliehen. Wieder andere heirateten Angehörige der alliierten Streitkräfte und wanderten anschließend in die Herkunftsländer dieser Soldaten aus, insbesondere in die USA."[11]

Anschließend wanderten viele vornehmlich zu Studienzwecken oder im Rahmen einer beruflichen Karriere aus. Außerdem entschloß sich eine zunehmende Anzahl von Rentnern, ihren Lebensabend im Süden (Österreich, Italien, Spanien) zu verbringen.

Da die Auswanderungen oft nur temporärer Natur waren verließen zwischen 1954 und 1993 ungefähr 3,2 Millionen Deutsche ihr Land, im selben Zeitraum jedoch wanderten wieder 2,2 Millionen Deutsche in die Bundesrepublik zurück. Somit blieb ein negatives Wanderungssaldo von etwa 1 Millionen Deutschen bestehen, die sich entschlossen haben für immer im Ausland zu bleiben. [12]

2.3) Massive Anwerbung von Gastarbeitern, Anwerbung von Vertragsarbeitern durch die DDR (1961 - 1973)

Wegen des bestehenden exportorientierten „Wirtschaftswunders" in Deutschland nahm die Nachfrage nach Arbeit wesentlich zu. Die Nachkriegsarbeitslosigkeit verringerte sich schnell und beschleunigte die Integration von Vertriebenen und DDR-Übersiedlern in die westdeutsche Wirtschaft, dennoch konnten in den 1950er Jahren viele Stellen in bestimmten Branchen der westdeutschen Wirtschaft nicht mehr besetzt werden.

---

[11] Münz/Ulrich (1996:13f.)
[12] vgl. ebd. (1996:14).

Die Zuwanderung von Ausländern zur Rekrutierung von „Gastarbeitern" wurde deshalb schon 1955 vom bundesdeutschen Handelsministerium forciert und zunächst durch bilaterale Verträge (Italien 1955, Spanien/Griechenland 1960, Türkei 1965, Portugal 1964, Jugoslawien 1968) geregelt.[13]

„Die Alternative zur Anwerbung ausländischer Arbeitskräfte wäre die verstärkte Integration inländischer Frauen ins Erwerbsleben gewesen. Dies galt jedoch als kostspielig und stand überdies im Konflikt mit traditionellen Rollenbildern und der damaligen Ausrichtung westdeutscher Familienpolitik."[14]

Im Jahr 1964 wurde dann der einmillionste Gastarbeiter gezählt. Die Gastarbeiterbeschäftigung erlangte 1973 mit 2,6 Millionen Personen ihren Höhepunkt.[15]

Anfangs wurden die Arbeits- und Aufenthaltserlaubnisse der Gastarbeiter für nur ein Jahr ausgestellt (Rotation nach spätestens zwei Jahren), um auf Veränderungen am Arbeitsmarkt flexibel reagieren zu können. Später begann man allerdings diese Bestimmungen zu lockern, da die ständige Rotation für Arbeiternehmer (Sparziele konnten nicht erreicht werden) und Arbeitgeber (sie mußten ständig neu anstellen und einarbeiten) Probleme nach sich zog. Die Bundesregierung beschloß deswegen 1971 eine Erleichterung der Verlängerung von Aufenthaltsgenehmigungen. Die Folge war ein zunehmender Familiennachzug aus den Herkunftsländern der Arbeitsmigranten.[16]

---

[13] vgl. Rudolph (1996:168).
[14] Rudolph (1996:168).
[15] vgl. Münz/Ulrich (1996:15).
[16] vgl. Rudolph (1996:170).

Ab den 1960er Jahren beschäftigte auch die DDR zur Reduzierung ihrer andauernden Arbeitskräfteknappheit Vertragsarbeiter aus staatssozialistischen Ländern in Mitteleuropa (später auch aus Kuba, Mosambik und Vietnam).

Doch fast alle Arbeitsmigranten der DDR mußten konsequent nach Ablauf der Frist wieder in ihre Heimatländer zurückkehren.

Gastarbeiter verrichteten meistens schlecht bezahlte und unangenehme Arbeiten, für die sich keine deutschen Arbeiter fanden. Die wirtschaftspolitischen Folgen waren ein niedriges Lohnniveau in einigen Branchen und eine verminderte Notwendigkeit zur Anpassung der Produktions- und Lohnstrukturen. Dies führte zur konstanten Verfestigung und sogar zur Einführung neuer, schlechter Arbeitsbedingungen (Schichtarbeit, Fließbandarbeit, Nachtarbeit, Akkordarbeit).

„Die Gastarbeiterpolitik war zwar wachstumsfördernd, aber modernisierungsverzögernd."[17]

Heute, mehr als 40 Jahre nach der Einführung der Gastarbeiterpolitik, sind die Arbeitsmigranten ökonomisch und gesellschaftlich überwiegend erfolgreich in Deutschland integriert.

Beschäftige deren Herkunftsland mittlerweile der Europäischen Union angehört, besitzen nun ein Bleibe- und Arbeitsrecht. Doch für die türkischen und die aus dem ehemaligen Jugoslawien kommenden Arbeitnehmer ist die Zukunft eher ungewiß. Obwohl die Mehrzahl mittlerweile lange genug in Deutschland lebt, um ein dauerndes Aufenthaltsrecht oder die deutsche Staatsbürgerschaft beantragen zu dürfen.[18]

---

[17] (vgl.) Rudolph (1996:172).
[18] vgl. ebd. (1996:173).

2.4) Anwerbestop, Konsolidierung der ausländischen Wohnbevölkerung in Westdeutschland durch Familiennachzüge (1973 bis 1988/89)

Aufgrund steigender Arbeitslosigkeit bestimmte die deutsche Regierung im Jahr 1973 zunächst eine Erhöhung der Gebühren, die Arbeitgeber für die Anwerbung von Gastarbeitern zahlen mußten, auf das dreifache. Im Oktober desselben Jahres verfügte die Regierung dann den „Anwerbestopp" ausländischer Arbeitnehmer, um eine Konsolidierung bzw. einen Rückgang der Ausländerbeschäftigung zu erwirken. Diese Maßnahme führte zwar zu dem gewünschten Rückgang, aber nicht zu einem kompletten Exodus der Gastarbeiter. Schließlich versuchte man sogar in den Jahren 1983/84 durch finanzielle Prämien die Rückkehr von Gastarbeitern und ihren Angehörigen zu fördern. Die Attraktivität ins jeweilige Heimatland zurückzukehren hielt sich aber eher in Grenzen, da dort die ökonomischen und sozialen Perspektiven teilweise nicht besonders aussichtsreich waren. Deshalb entschlossen sich viele Gastarbeiter vor allem Türken dazu, ihre Familienmitglieder aus ihrem Herkunftsland nachzuholen. Die sinkende Ausländerbeschäftigung dieser Periode liegt besonders im verlangsamten Wirtschaftswachstum und dem Eintritt der „Babyboom-Generation" auf dem Arbeitsmarkt begründet. Des weiteren wurden in Branchen und Sektoren, in denen Ausländer beschäftigt waren, massiv Arbeitsplätze abgebaut.[19]

---

[19] vgl. Münz/Ulrich (1996:20).

11

2.5) Zuwanderung von Aussiedlern, Asylbewerbern, Kriegsflüchtlingen und neuen Arbeitsmigranten; zweite Hochphase der Wanderungen zwischen Ost- und Westdeutschland (1988 bis 1991)

In Deutschland wurden bis Anfang der 1980er Jahre die meisten Asylbewerber als politische Flüchtlinge anerkannt, wie es in Artikel 16 des Grundgesetzes mit dem „Recht auf Asyl für politische Verfolgte" vorgesehen ist. Bis zu diesem Zeitpunkt blieb die Zahl der Asylbewerber auch relativ konstant auf unter 40.000 jährlich. Doch schon ab Mitte der 1980er Jahre stieg die Zahl der Asylanträge deutlich an, bis sie schließlich Ende der 1980er Jahre förmlich von 103.000 (1988) auf 438.000 (1992) explodierte. Die Gründe für diese Entwicklungen waren vielseitig. Zum einen bestand zu der Zeit in Deutschland ein sehr liberales Asylrecht, zum anderen war die BRD als eines der reichsten Länder Europas sehr attraktiv. Entscheidend war aber auch, daß viele politische Konfliktherde geographisch nah an Deutschland grenzten. Hierbei sind besonders die „ethnischen Säuberungen" im ehemaligen Jugoslawien zu nennen, so daß z.B. immerhin 30% der Asylbewerber des Jahres 1991 von dort stammten.[20]

Dies wiederum löste in der deutschen Innenpolitik kontroverse Debatten über Zuwanderung aus. „Dabei spielte die Vorstellung eine Rolle, dass die große Mehrzahl der Asylbewerber nicht Verfolgte seien, sondern aus wirtschaftlichen Gründen nach Deutschland kämen."[21]

---

[20] vgl. Rudolph (1996:173).
[21] Münz/Ulrich (1996:21).

Asylbewerbern war es bis 1991 untersagt eine bezahlte Arbeit anzunehmen und waren deshalb von der Sozialhilfe abhängig, was wiederum zu einer hohen Belastung der öffentliche Haushalte führte und die Anerkennung der Deutschen gegenüber Asylanten erheblich schmälerte.[22] Außer der hohen Zuwanderung von Asylbewerbern, kann seit Ende der 1980er Jahre eine „neue Gastarbeiterpolitik" beobachtet werden. Mit Beginn der 1990er wurden zwischen deutschen Arbeitsbehörden und mittel- und osteuropäischen Ländern Verträge mit dem Prinzip der Zwangsrotation, über eine eingeschränkte Anzahl von in Deutschland arbeitenden Ausländern, ausgehandelt. Das bedeutete, daß die in Deutschland kurzfristig beschäftigten Ausländer wieder in ihre Heimatländer rücküberwiesen wurden. Bei den neuen Gastarbeitern wurde zwischen vier Kategorien unterschieden:

a) Werkvertragsarbeitnehmer: Ausländische Firmen, die mit deutschen Unternehmen zusammenarbeiten, können Arbeiten in Deutschland in bestimmtem Umfang durch eigene Arbeitnehmer durchführen lassen.[23]

b) Gastarbeitnehmer: Zielgruppen sind (in der Regel) jüngere Fachkräfte aus Ostmitteleuropa, die bei einem Arbeitsaufenthalt in Deutschland ihre beruflichen und sprachlichen Kompetenzen erweitern sollen.[24]

c) Saisonarbeiter: Ausländische Arbeitskräfte können seit Anfang 1991 auf Aufforderung eines deutschen Unternehmens Arbeitserlaubnisse für bis zu drei Monate erhalten.[25]

---

[22] vgl. Rudolph (1996:173f.).
[23] vgl. ebd. (1996:175f.)
[24] vgl. ebd. (1996:176).
[25] vgl. ebd. (1996:177).

d) Grenzgänger: Arbeitskräfte aus Polen und der Tschechischen Republik können innerhalb festgelegter Grenzregionen eine von der Entwicklung des lokalen Arbeitsmarkts unabhängige Arbeitserlaubnis erhalten.[26]

2.6) Einführung neuer Regelungen, die die Zuwanderung von Aussiedlern und Asylbewerbern begrenzen (seit 1992)

Aufgrund der erheblich gestiegenen Zuwanderung nach Deutschland zwischen 1988 und 1992 wurde die Immigration nach Deutschland und dabei insbesondere eine Neuregelung des Asylrechtes zu einem wichtigen politischen Thema. Denn 1992 wurden zwei Drittel aller europäischen Asylanträge in Deutschland gestellt. Um einen europäischen Lastenausgleich zu schaffen, wurde dann 1993 mit der Verabschiedung des „Asylkompromisses" die Möglichkeit zur Stellung eines Asylantrags stark begrenzt.[27] Da Deutschland durch die Genfer Konvention von sicheren Drittstaaten umgeben ist, können Asylbewerber nur noch über den Luft- oder Seeweg legal nach Deutschland einreisen. Außerdem können Asylbewerber nun sofort nach ihrer Einreise eine Arbeitserlaubnis beantragen.[28] Als Folge dieser restriktiveren Politik ging die Zahl der Asylbewerber schon in der zweiten Jahreshälfte des Jahres 1993 signifikant zurück. Gründe hierfür sind zum einen die Umleitung der Asylbewerber in andere europäische Länder mit einem liberaleren Asylrecht sowie die zunehmende illegale Immigration von Asylanten nach Deutschland.[29]

---

[26] vgl. Rudolph (1996:177f.).
[27] vgl. Münz/Ulrich (1996:23).
[28] vgl. Rudolph (1996:174f.).
[29] vgl. Münz/Ulrich (1996:24).

Zu den neuen Regelungen für Aussiedler gehören der Nachweis der Volkszugehörigkeit vom jeweiligen Herkunftsland aus, des weiteren können seit 1993 nur noch Volksdeutsche aus den ehemaligen GUS-Staaten einen Aufnahmeantrag stellen.[30]

---

[30] vgl. Rudolph (1996:167).

3) Innenpolitische Aspekte der Migration in Deutschland

3.1) Das Bekenntnis der Bundesrepublik Deutschland zum Einwanderungsland

Erst nach etwa einem halben Jahrhundert sieht sich die Bundesrepublik Deutschland (BRD) selbst als Einwanderungsland an – nachdem es de facto schon seit dem Ende des Zweiten Weltkrieges (1945) zu enormen (Ein-) Wanderungswellen gekommen war (siehe „Die sechs Haupthasen der Migration", Punkt 2 dieser Arbeit). So hat Deutschland bezogen auf die Themenbereiche internationale Migration und Inkorporationskonzepte einen überdurchschnittlichen Reflektions- und Gestaltungsbedarf. Dieser resultiert aus den neuen Herausforderungen von Globalisierung und Transnationalisierung sowie aus der jahrzehntelangen kontrafaktischen Behauptung, Deutschland sei kein Einwanderungsland.[31]

Seit über fünf Jahrzehnten herrscht in der deutschen Politik eine heftige Debatte darüber, ob die Bundesrepublik Deutschland ein Einwanderungsland ist, oder nicht.

Gegenwärtig meint der Generalsekretär der CSU, Edmund Stoiber, dazu folgendes:

> *„Zu uns kommen jährlich etwa 300.000 ausländische Mitbürgerinnen und Mitbürger, insbesondere türkische Staatsbürger, die legal zu Verwandten nach Deutschland ziehen. Dazu haben wir rund 80.000 ausländische Kinder, die hier geboren werden, sowie etwa 230.000 Aussiedler. Wenn Sie jetzt noch die Asylbewerber dazunehmen, dann kommen wir zu einer ganz erheblichen Zuwanderung, die aber nichts mit Einwanderung zu tun hat."*

Dem entgegnet Bundeskanzler Gerhard Schröder (SPD):

> *„Einwanderung findet bei uns in großem Umfang statt, teils erwünscht, teils nicht erwünscht. Also sind wir ein Einwanderungsland."*

---

[31] vgl. Pries in Schröer/Sting (2003:111).

Diese Debatte hat (abgesehen von den Fakten) seit Jahren etwas Irrationales an sich – so läßt sich zum Beispiel in keinem Land der Welt ein sprachlicher Unterschied zwischen Zu- und Einwanderung definieren.[32]

Migrationspolitische Gestaltungsspielräume wurden (und werden zum Teil immer noch) von einzelnen Parteien mit dem Argument blockiert, Deutschland sei kein Einwanderungsland.[33]

Eine künftige deutsche Migrationspolitik muß die Zuwanderung steuern und faktisch Eingewanderte bestmöglich integrieren. Dabei muß der künftige ökonomische und demographische Bedarf antizipiert, die Zuwanderung sozialpolitisch gestaltet und die kontinental- und weltpolitische Einbettung Deutschlands berücksichtigt werden.[34]

Die deutsche Einbürgerungsgesetzgebung war jahrzehntelang restriktiver ausgestattet als die anderer europäischer Staaten. Dies läßt sich vor allem daran belegen, daß sie dem ius sanguinis (Nationalität kraft Herkunft) ein viel stärkeres Gewicht zusprach als dem ius soli (Erhalt der Nationalität durch Geburt auf nationalem Territorium) – ein Prinzip, das die meisten westlichen Einwanderungsländer bereits in ihre nationale Gesetzgebung integriert hatten. Die rot-grüne Koalition hat die Reform des Staatsangehörigkeitsrechts mit der Machtübernahme 1998 in Angriff genommen und verwirklicht. Die Politisierung dieser Frage durch die christlich-demokratische Opposition zwang die Bundesregierung allerdings zu einem Kompromiß: Kinder ausländischer Eltern, die in Deutschland geboren werden, erhalten automatisch die deutsche Staatsbürgerschaft. Sie müssen sich aber bis zum 23. Lebensjahr entscheiden, ob sie diese annehmen oder diejenige ihrer Eltern behalten wollen. Eine doppelte Staatsbürgerschaft ist damit ausgeschlossen. Wichtigstes Ergebnis ist aber, daß nun auch in Deutschland das ius soli existiert.[35] Das Gesetz trat am 1. Januar 2000 in Kraft.[36]

---

[32] vgl. Meier-Braun (2002:141).
[33] vgl. beispielsweise Manfred Kanther, *Deutschland ist kein Einwanderungsland*, in: Frankfurter Allgemeine Zeitung, 13.11.1996 - Beispiel angemerkt von Angenendt (1997a:122).
[34] vgl. Angenendt (1997a:122).
[35] vgl. Mahnig in Currle/Wunderlich (2001:180).
[36] vgl. Angenendt/Kruse in Oltmer (2003:482).

Tatsächlich hat sich Deutschland längst zu einer Einwanderungsgesellschaft entwickelt.[37] So lebten Ende des Jahres 1996 7,3 Millionen Ausländer in Deutschland. Sie bildeten damit 8,9% der Wohnbevölkerung.[38] Im Vergleich dazu lebten 1961 „nur" ca. 700.000 Ausländer in der Bundesrepublik und stellten zu diesem Zeitpunkt 1,2% der Wohnbevölkerung.

Zu den Personen ausländischer Herkunft sind noch mindestens 3,7 Millionen Aussiedler, die zwischen 1955 und 1995 nach Deutschland eingewandert sind, hinzuzuzählen.

Die Migration ist mittlerweile zum dominanten Bestandteil des Bevölkerungsprozesses der Bundesrepublik Deutschland geworden. Im Jahr 1995 wurden in der BRD

→ 765.221 Geburten (davon 99.700 mit ausländischer Nationalität)

→ 884.588 Todesfälle (davon 12.383 von Ausländern)

→ 1.096.048 Zuwanderungen (davon 792.701 von Ausländern)

→ 698.113 Abwanderungen (davon 567.441 von Ausländern)

registriert.[39]

Die 1,65 Millionen natürlichen Bevölkerungsbewegungen (Geburten und Sterbefälle) sind in diesem Jahr (1995) von den 1,80 Millionen wanderungsbedingten Bevölkerungsbewegungen übertroffen worden. Dabei haben die Wanderungsgewinne die Bevölkerungsverluste des „natürlichen" Bevölkerungssaldos mehr als ausgeglichen. Auch nach diesen Kriterien wird man zu Recht feststellen müssen, daß Deutschland tatsächlich ein Einwanderungsland ist.[40]

31 Millionen Deutsche und Ausländer sind seit 1954 in die Bundesrepublik zugezogen. Im gleichen Zeitraum haben 22 Millionen Menschen das Land verlassen. Um die 40% der ausländischen Mitbürger leben bereits seit 15 Jahren hier. Somit ist die BRD faktisch gesehen schon seit langer Zeit ein Einwanderungsland. Bislang fehlte jedoch ein zeitgemäßes und zukunfts-fähiges Gesamtkonzept für die Steuerung der Zuwanderung und die Integration der Zugewanderten.[41]

---

[37] vgl. Nauck in Currle/Wunderlich (2001:249).
[38] Vgl. ebd. (2001:250) nach Grünheid/Mammey (1997).
[39] vgl. Nauck in Currle/Wunderlich (2001:250/51) nach Grünheid/Schulz (1996) und Roloff (1997).
[40] vgl. Nauck in Currle/Wunderlich (2001:251).
[41] vgl. Unabhängige Kommission Zuwanderung (2001:1).

Bundespräsident Johannes Rau (SPD) unterzeichnete im Juni 2002 das von der rot-grünen Regierungskoalition durchgesetzte Zuwanderungsgesetz. Mit diesem Gesetz sollte erstmals eine rechtliche Grundlage für die Einwanderung geschaffen werden. Zudem hatte dieser Schritt insofern eine wichtige symbolische Bedeutung, als daß er den Abschied von der lange gehegten Illusion ein Nicht-Einwanderungsland zu sein darstellte.

Im Rahmen festzulegender Höchstzahlen sollten ausgewählte, hoch qualifizierte Arbeitsmigranten erstmals mit dem erklärten Ziel der Niederlassung nach Deutschland einreisen dürfen. Allerdings bleiben dabei auch die seit 1990 bestehenden Möglichkeiten einer zeitlich streng befristeten Beschäftigung ausländischer Arbeitnehmer weiterhin bestehen. Somit wäre mit dem neuen Zuwanderungsgesetz nicht nur eine dauerhafte Einwanderung ermöglicht, sondern auch eine nur temporäre, das heißt zeitlich befristete Arbeitsmigration beibehalten worden. Auch wenn dieses Gesetz letztendlich nicht verabschiedet wurde, so zeigt sich doch, daß sich Deutschland zwar zum Einwanderungsland wandelt, aber gleichzeitig ein Nicht-Einwanderungsland für temporär zugelassene Einwanderer bleibt.[42]

---

[42] vgl. Cyrus in Schröer/Sting (2003:29).

3.2) Das neue deutsche Bewußtsein über die Notwendigkeit der Zuwanderung

Im Jahr 2000 fand eine politische Weichenstellung in der deutschen Migrationspolitik hin zum Einwanderungsland statt.

Zum einen verdeutlichten das neue Staatsangehörigkeitsrecht vom 01. Januar 2000[43] und die „Green-Card"-Initiative von Bundeskanzler Schröder im Februar 2000 eine neue Ausrichtung der Politik, zum anderen entstand – angeregt durch diese Reformen – eine öffentliche Debatte die zeigte, daß sich die Wahrnehmung der Einwanderung und ihrer Bedeutung für die Zukunft Deutschlands verändert hat.[44]

Auf der Weltmesse EXPO 2000 in Hannover kündigte Bundeskanzler Schröder überraschenderweise die Einführung einer „Green Card" an, um dem von Vertretern der Wirtschaft angezeigten Mangel an Fachkräften entgegenzutreten. Ziel war es, ausländischen Spezialisten der Informations- und Kommunikationstechnologie auf unbürokratischem Wege ein Visum und eine Arbeitserlaubnis zu erteilen.

Gleichzeitig folgte die Forderung des Kanzlers, auch erwerbslose einheimische Ingenieure für den Einsatz in dieser Branche zu qualifizieren. Die Arbeitserlaubnisse wurden von Anfang an auf 20.000 begrenzt. Die Fachkräfte müssen entweder eine abgeschlossene Hochschul- oder Fachhochschulausbildung beziehungsweise alternativ einen Arbeitsvertrag mit einem Jahresgehalt von mindestens 100.000 DM nachweisen. Die Arbeitserlaubnis ist an die Dauer des Beschäftigungsverhältnisses gebunden, wobei Stellenwechsel möglich sind. Sie wird aber maximal für fünf Jahre erteilt. Familienangehörige dürfen einreisen, allerdings erst nach einer Wartezeit von zwei Jahren einer bezahlten Tätigkeit nachgehen.[45]

Besonders der Einführung der Green Card ist es zu verdanken, daß seit ihrer Gültigkeit über Einwanderung positiver diskutiert wurde als noch vor einigen Jahren.

---

[43] siehe hierzu Punkt 3.1) S. 15f. dieser Arbeit.
[44] vgl. Angenendt/Kruse in Oltmer (2003:481).
[45] vgl. Angenendt/Kruse in Oltmer (2003:482).

Vertreter verschiedener Wirtschaftsbranchen meldeten sich zu Wort und warnten vor einem dramatischen Arbeitskräftemangel nicht nur bei höchstqualifizierten Tätigkeiten, sondern auch im Facharbeiterbereich. Sie forderten daraufhin eine entsprechende Anwerbung von ausländischen Arbeitskräften. Mittelständische Unternehmen, die seit Jahren voller Zufriedenheit bosnische Bürgerkriegsflüchtlinge beschäftigten, übten harsche Kritik an der Bundesregierung und forderten ein Bleiberecht für die mittlerweile als unverzichtbar betrachteten Arbeitskräfte. Wissenschaftler aller Disziplinen zeigten vermehrt Schrumpfungs- und Alterungsprozesse der deutschen Bevölkerung auf und warnten vor den verheerenden Folgen für Wirtschaft und Gesellschaft. Auch die Medien räumten der langfristigen Arbeitsmarktentwicklung, der künftigen Rolle Deutschlands in der Weltwirtschaft und den demographischen Prozessen eine größere Bedeutung in deren Berichterstattungen ein.

Die Bundestagsparteien signalisierten teilweise eine andere Einstellung zur Einwanderung. Es schien zunehmend ein Konsens darüber zu herrschen, daß Deutschland vor allem aus arbeitsmarktpolitischen Gründen eine enorme Zuwanderung von Hochqualifizierten benötigt.

Außerdem herrschte Einstimmigkeit darüber, daß die Integrationsanstrengungen von und für dauerhaft anwesende Migranten verstärkt werden müßten, und daß ein umfassendes politisches Instrumentarium für die Steuerung der Wanderungsbewegungen entwickelt werden muß. Gleichzeitig befand man, daß die Bekämpfung der inländischen Erwerbslosigkeit die wichtigste Voraussetzung für eine aktive Einwanderungspolitik ist, und daß dazu und zur Sicherung des Ausbildungsstandes weitaus größere Bemühungen um die Aus- und Weiterbildung einheimischer Arbeitskräfte nötig seien, als bisher.

Zudem einigte man sich darauf, daß eine aktive Familienpolitik dringend notwendig sei, um die einheimischen Geburtenzahlen wieder zu erhöhen und somit der demographischen Alterung und Schrumpfung der Bevölkerung entgegenzuwirken.[46]

---

[46] vgl. Angenendt/Kruse in Oltmer (2003:483).

Man resümierte, daß die deutsche Politik in den letzten Jahrzehnten bereits nützliche Modelle und Instrumente zur Steuerung der Einwanderung entwickelt hatte und so große Erfolge bei der Integration der Zugewanderten verzeichnen konnte. Die selbstgesetzte Denkblockade und über Jahrzehnte geltende Maxime „Deutschland ist kein Einwanderungsland" hingegen hatte nicht nur die gesellschaftliche Realität verleugnet, sondern auch verhindert, daß umfassende politische Konzepte entwickelt wurden.[47]

---

[47] vgl.: Angenendt/Kruse in Oltmer (2003:483/84).

3.3) Die Bedeutung der künftigen Zuwanderung für die Bundesrepublik Deutschland

3.3.1) Demographische Prognosen für die Bundesrepublik Deutschland

Die Vereinten Nationen (VN) haben für die Bevölkerungsentwicklung in Deutschland Prognosen bis ins Jahr 2050 gemacht. Dabei benennt die Weltorganisation die folgenden fünf Szenarien:

1. Szenario: *Fortschreibung der mittleren Variante der Bevölkerungsprognose der Vereinten Nationen.* Die Bevölkerung Deutschlands würde bis 2050 auf rund 73 Millionen sinken. Hierbei wird eine Netto-Zuwanderung von etwa elf Millionen Migranten angenommen.

2. Szenario: Keine *Einwanderung.* Dadurch sänke die Bevölkerung von heute 82 Millionen auf rund 59 Millionen im Jahr 2050. Die Zahl der erwerbsfähigen Deutschen würde sich ganz und gar um 41% verringern.

3. Szenario: Rund 18 Millionen Menschen müßten zuwandern, um die Bevölkerung bis zum Jahr 2050 konstant zu halten, was einer Nettozuwanderung von 324.000 Personen pro Jahr entspräche.

4. Szenario: Um das Arbeitskräftepotential bis zum Jahr 2050 konstant zu halten, wäre ein Zuzug von etwa 25 Millionen erforderlich (458.000 Personen netto pro Jahr). Somit würde die Bevölkerung auf 92 Millionen ansteigen – davon wären 33 Millionen Einwanderer oder deren Abkommen.

5. Szenario: Was müßte geschehen, wenn man das Verhältnis von Erwerbstätigen zu Rentnern durch eine Bestandserhaltungsmigration auf dem heutigen Niveau halten wolle? Hierfür müßte Deutschland 188,5 Millionen Einwanderer aufnehmen – das wären jährlich 3,4 Millionen. Die Einwohnerzahl der Bundesrepublik würde bis 2050 auf 299 Millionen ansteigen. 80% hiervon wären Migranten und ihre Nachkommen.

23

Das fünfte Szenario ist nicht realistisch und wird deshalb in der VN-Studie nur zu Illustrationszwecken angeführt.[48] Nach den Vereinten Nationen müßte alternativ das Rentenalter auf 77 Jahre angehoben werden, falls keine Migration stattfände. Da die durchschnittliche Lebenserwartung bei Männern in Deutschland rund 74 Jahre und bei Frauen etwa 81 Jahre beträgt, ist auch diese Möglichkeit unrealistisch.

Die Prognosen der Vereinten Nationen entsprechen im wesentlichen den Modellberechnung vieler Forscher, des Bundesinnenministeriums, der Organisation für wirtschaftliche Zusammenarbeit und Entwicklung (OECD) und des Statistischen Bundesamtes. Ohne Zuwanderung würde nach den Berechnungen des Instituts für Arbeitsmarkt- und Berufsforschung der Bundesanstalt für Arbeit die Zahl der Erwerbstätigen bis zum Jahr 2040 von derzeit rund 40 Millionen auf etwa 26 Millionen (~ 13 Millionen) zurückgehen, wenn alle bundesdeutschen Beschäftigungsreserven voll ausgeschöpft würden.[49]

Unter der Annahme einer Angleichung der Geburtenraten in West- und Ostdeutschland gehen mittlere Bevölkerungsprognosen davon aus, daß bei einem Verzicht auf Zuwanderung von 1990 bis ins Jahr 2030 14 Millionen mehr sterben, als geboren werden würden. Diese Tatsache würde die deutsche Bevölkerung von rund 82 Millionen auf circa 63 Millionen abnehmen lassen. Unter den Bedingungen unveränderter Beschäftigung und gleicher Erwerbsneigung der Einheimischen und der Zuwanderer ergäbe sich ein jährlicher Nettozuwanderungsbedarf von durchschnittlich wenigstens 400.000 Personen.[50]

Einwanderung kann aber auch schon alleine deswegen kein Allheilmittel gegen eine schrumpfende Gesellschaft sein, weil Zuwanderer auch älter werden und sich ihre Geburtenrate zusehends derjenigen der Aufnahmegesellschaft angleicht. Ohne einschneidende Reformen, die eine Verlängerung der Lebensarbeitszeit und die Erhöhung des Renteneintrittsalters implizieren, wird es den Sozialstaat Deutschland wohl in dieser Form längerfristig nicht mehr geben.

---

[48] vgl. Meier-Braun (2002:153).
[49] vgl. ebd. (2002:154).
[50] vgl. Hof (1994:21 f.) in Angenendt (1997a:64).

Bereits 1997 drehte sich in der BRD das Verhältnis von Älteren zu Jüngeren um. Zum ersten Mal gab es mehr Ältere (60 Jahre und älter) als Jüngere (20 Jahre und jünger) – 21,6% Jüngere zu 21,7% Älteren – Tendenz steigend. Das gravierende Problem dabei ist, daß unser soziales Sicherungssystem seit jeher auf dem Gleichgewicht von Jung und Alt beruht.[51] Wenn man den langfristigen Rückgang des Erwerbspersonenpotentials ohne Zuwanderung ausgleichen wollte, hätte man dazu theoretisch drei Möglichkeiten: die Erhöhung der Arbeitsproduktivität, die Verlängerung der Lebensarbeitszeit und die Erhöhung der Frauenerwerbsquote. Allerdings sind in der wissenschaftlichen Diskussion erhebliche Zweifel am Funktionieren dieser drei Optionen angebracht.[52] Zum einen steht die deutsche Wirtschaft durch die Globalisierung und Transnationalisierung und ihre internationalen Verflechtungen ohnehin schon unter einem starken Rationalisierungsdruck. Außerdem würde eine gesetzlich bindende Verlängerung der Lebensarbeitszeit bei einem Teil der Arbeitnehmer an Grenzen in bezug auf Belastbarkeit, Flexibilität und Innovationsvermögen stoßen. Zudem könnte sich eine Verkürzung der Ausbildungszeiten – insofern sie die Qualität der Ausbildung reduzieren würde – äußerst negativ auf die Konkurrenzfähigkeit einer rohstoffarmen und in hohem Maße auf das Humankapital angewiesenen deutschen Volkswirtschaft auswirken. Des weiteren hätte die Anhebung der Frauenerwerbsquote aus volkswirtschaftlicher Sicht lediglich kurzfristige aber keine grundlegenden langfristigen Auswirkungen auf die Anzahl der Erwerbstätigen, da die Überalterung Frauen und Männer in Deutschland in gleichem Maße betrifft. Erwartungsgemäß könnte die Kombination dieser drei Maßnahmen die demographische Lücke in der BRD höchstens um ein Drittel reduzieren. Somit hätten die Bundesrepublik Deutschland sowie die Mehrzahl der Staaten der Europäischen Union in etwa zehn bis 15 Jahren einen enormen Bedarf an reichhaltiger Zuwanderung.[53]

Das Kernproblem hierbei ist die niedrige Geburtenrate in den Industrieländern.

---

[51] vgl. Meier-Braun (2002:155).
[52] vgl. Rürup/Sesselmeier (1993:7 f.).
[53] vgl. Angenendt (1997a:64).

Um den Bevölkerungsbestand aufrechtzuerhalten, müßte statistisch gesehen jede Frau im Durchschnitt 2,1 Kinder zur Welt bringen – in Wirklichkeit sind es aber nur 1,4 Kinder pro Frau in den industrialisierten Ländern.[54] Dabei nimmt die Bundesrepublik Deutschland mit nur noch 1,34 Kindern pro Frau in Europa einen Platz im letzten Drittel ein. Die Geburtenrate in den neuen Bundesländern sank sogar auf 1,1 Kinder pro Frau ab. Grund dafür ist die Wiedervereinigung und die seitdem (1989) stattfindende Abwanderung aus Ostdeutschland. Seit 1989 kehrten rund 1,6 Millionen Ostdeutsche ihrer alten Heimat den Rücken.[55]

Von der Gründung der Bundesrepublik Deutschland 1949 bis zum Jahr 1967 lag die Geburtenzahl etwa in der Größenordnung von 800.000 bis zu einer Million Kinder pro Jahr. 1967 waren es 1.019.459 Kinder deutscher und 47.432 Kinder ausländischer Staatsangehörigkeit (Ausländeranteil hierbei: 4,7%). Seit Anfang der 1970er liegt die Geburtenzahl in der BRD bei nur noch: 1975: 600.512 (Westdeutschland), 1985: 586.155 (Westdeutschland) und 1998: 785.034 (Gesamtsdeutschland). Kinder von Migranten machen seit Anfang der 1970er durchschnittlich zwischen 10% und 15% aller in Deutschland geborenen Kinder aus. 1998 waren es beispielsweise 100.057, was einem Ausländeranteil von 12,7% entspricht. Das Problem der niedrigen Geburtenrate verschärft noch die Tatsache, daß die Kinder der Babyboom-Generation[56], die im Unterschied zu der Generation davor keine Kriegstoten zu beklagen hatten, alle gemeinsam alt werden und heute die größte Gruppe der alternden Erwerbsgeneration darstellen. Sie werden alle ab dem Jahr 2020 in ihre verdiente Rente gehen wollen.[57]

Die stärkste Abnahme der Geburtenrate im Nachkriegsdeutschland hat exakt in jenen Jahren begonnen, als die unter Einfluß der Ideen zur Selbstbestimmung und Selbstverwirklichung, der Ziele der Emanzipation – insbesondere der Frauen – und der sogenannten antiautoritären Grund-haltung stehende 1968er Generation, die die Gruppe von etwa fünf Geburtsjahrgängen (1938 – 1943) umfaßt, in dem für die Familienbildung wichtigen Alter von 25 bis 30 Jahren stand.

---

[54] vgl. Meier-Braun (2002:150).
[55] vgl. ebd. (2002:151).
[56] Kinder, die in den späten 1950er und 1960er Jahren geboren wurden
[57] vgl. Mukazhanov (2004:66).

Dies ist ein Indiz dafür, daß der westdeutsche Geburtenrückgang zwar nicht direkt von den 1968ern verursacht wurde – sicherlich wurde er aber in einem gewissen Sinn indirekt von ihnen herbeigeführt, indem sich die Lebensziele der großen Mehrheit der Bevölkerung unter dem Einfluß der 1968er Ideologie wandelten.[58]

Daß die Deutschen immer weniger werden, wäre vielleicht noch einigermaßen zu verkraften. Das eigentliche Problem besteht aber darin, daß sie zu alt werden, und daß die Überalterung der Bevölkerung dramatische Konsequenzen für den Wohlstand und die Wettbewerbsfähigkeit hat.

Auch von einer wirklich neuen Familienpolitik angesichts des dramatischen Bevölkerungsrückgangs ist Deutschland noch meilenweit entfernt. Familien mit Kindern sind weiterhin stark benachteiligt. Die Kosten, die für ein Kind monatlich anfallen, betragen durchschnittlich etwa 500 Euro. So sinkt das Pro-Kopf-Einkommen bei einer Familie mit zwei Kindern fast auf die Hälfte dessen eines vergleichbaren kinderlosen Ehepaares.

Diese Kosten bekommen die Eltern bis heute nicht einmal ersetzt – obwohl die gesamte Gesellschaft und die Sozialsysteme von Kindern profitieren.[59]

---

[58] vgl. Birg (2001:53 f.)
[59] vgl. ebd. (2002:156).

3.4) Ökonomische und Fiskalische Migrationsaspekte aus Sicht der BRD

Migranten haben drei Möglichkeiten, einen entscheidenden Beitrag zum Wachstum einer Volkswirtschaft zu leisten. Zum einen können sie spezifische Knappheitssituationen am Arbeitsmarkt relativieren (Ziel der Green-Card-Initiative[60]) und damit Wachstumshemmnisse in Folge eines zu geringen Arbeitsangebotes beseitigen. Eine Ausdehnung der Zuwanderung führt bei erfolgreicher Integration in den Arbeitsmarkt ebenfalls zu einem verstärkten Wachstum. Des weiteren sind die Wirkungen des Kreislaufzusammenhangs der Ausländerbeschäftigung zu beachten.[61] So wird nicht nur der Konsum angekurbelt mit all seinen Positivfolgen für die Gesamtwirtschaft – aufgrund des zusätzlichen Verwaltungsaufwandes, des Bedarfs an Infrastruktur, Wohnungen und Kultureinrichtungen werden neue Investitionen nötig, die wiederum zu neuen Einnahme- und Beschäftigungssituationen führen. Dabei sind die Folgen der Zuwanderung von der strukturellen Verfaßtheit und von der jeweiligen konjunkturellen Situation zur Zeit der Einwanderung abhängig.

Die Inanspruchnahme von Sozialversicherungen durch Ausländer hängt jeweils vom Alter und dem Erwerbsstatus ab.[62] Ausländische Männer weisen höhere Erwerbsquoten als deutsche auf, allerdings mit sinkender Tendenz. Mittlerweile liegt die Erwerbsbeteiligung ausländischer Frauen unter der deutscher Frauen.[63]

Ausländer konzentrierten sich bis zum Beginn der Krise Anfang/Mitte der 1980er auf die vom Strukturwandel (von der Industrie- hin zur Dienstleistungswirtschaft) besonders negativ betroffenen Branchen (Produzierendes Gewerbe, Baugewerbe). Dies und ihre im Vergleich zu den Einheimischen geringere Humankapitalausstattung führten dazu, daß ihre Arbeitslosenquote seit Anfang der 1980er Jahre beständig über der Gesamtquote liegt.

---

[60] siehe Punkt 3.2) auf S. 19 dieser Arbeit.
[61] vgl. Sesselmeier in Treichler (2002:42).
[62] vgl. Sesselmeier in Treichler (2002:43).
[63] vgl. Deutscher Bundestag (2000:144 f.).

In Folge des Anwerbestops von 1973 sank der Anteil der sozialversicherungspflichtig beschäftigten Ausländer von damals 60% auf heute etwa 30%.[64]

Aufgrund der günstigeren Altersstruktur empfangen gegenwärtig knapp 17% der Ausländer gegenüber etwa 25% der Gesamtbevölkerung Rentenleistungen. Mittlerweile treten immer mehr Ausländer in die Rente ein, so daß ihr bisheriger Nettobeitrag zugunsten der deutschen Rentner abnehmen wird. In welchem Umfang das geschieht, hängt jedoch von der Entwicklung des Altersquotienten[65] ab. Dieser wies bei den Ausländern im Jahr 1999 einen Wert von 5,9% auf. Der entsprechende Wert der Deutschen lag bei 27,6%.[66]

Die Bevölkerungsvorausberechnungen ergeben, daß beide Werte steigen, aber der ausländische Wert noch deutlich unter dem deutschen bleiben wird.[67]

Bereits seit langem ist die Ausländerbeschäftigung bei uns zu einem unentbehrlichen Teil unserer Wirtschaft geworden. Ausländische Arbeitskräfte üben vor allem Tätigkeiten als un- und angelernte Arbeiter aus – mit hoher Arbeitsbelastung und geringer sozialer Anerkennung. Ausländische Arbeiter sind überdurchschnittlich in den Wirtschafts-bereichen Baugewerbe, verarbeitendes Gewerbe sowie Handel und Dienstleistungen beschäftigt. Sie füllen Lücken auf dem Arbeitsmarkt, die schon seit Beginn der Ausländerbeschäftigung mit Einheimischen nicht geschlossen werden konnten.[68]

---

[64] vgl. Sesselmeier in Treichler (2002:43).
[65] Verhältnis der 65jährigen und älteren Personen zu den 20 bis unter 65 Jahre alten Personen
[66] vgl. Bundesministerium des Innern (2000:13).
[67] vgl. Sesselmeier in Treichler (2002:44).
[68] vgl. Meier-Braun (2002:165).

3.5) Potentielle Problemfelder bei der Einwanderung

3.5.1) Mögliche Probleme bei der Integration in den Arbeitsmarkt

Die Entwicklung des Arbeitsmarktes ist die Schlüsselfrage der sozialen und ökonomischen Zukunft der deutschen und der europäischen Gesellschaften.[69] Laut zahlreicher Meinungsumfragen in Deutschland ist der Arbeitsmarkt auch der Ort, an dem es sich entscheidet, ob Zuwanderungen eine volkswirtschaftliche Be- oder Entlastung sind. Belastung ist dabei ein ambivalenter Begriff, denn einerseits wird die Nicht-Integration von Zuwanderern in den Arbeitsmarkt – wie etwa von Asylbewerbern – kritisiert, weil die Aufenthaltskosten in diesem Falle von den Einheimischen getragen werden müssen. Integrieren sich die Zuwanderer in den Arbeitsmarkt, so werden sie mehrheitlich als angebliche Arbeitsplatz-konkurrenten angesehen.[70]

Bei der Entwicklung einer längerfristigen, effektiven Beschäftigungspolitik stellen sich zwei entscheidende Fragekomplexe, zu deren Beantwortung die bisherigen Modelle nur unzureichend beigetragen haben.

Der erste befaßt sich mit der Frage, welche Qualifikationen die Einwanderer haben sollen. Hierbei wird geklärt werden müssen, welche Qualifikationen arbeitsmarktpolitisch und welche im Hinblick auf die gesamtgesell-schaftliche Wertschöpfung erwünscht sind. Hierbei wird zu fragen sein, welche unqualifizierten Tätigkeiten zu welchen hochqualifizierten Tätigkeiten komplementär sind. Dies wird auf politischer Ebene diskutiert werden müssen, zumal betrieblich erwünschte Zuwanderungen nicht in jedem Falle auch zur Mehrung des gesamtgesellschaftlichen Wohlstands beitragen. Belastungen des Sozialversicherungssystems und der öffentlichen Haushalte durch niedrig produktive Zuwanderer sind hierbei ebenso zu berücksichtigen, wie die bereits hohen politischen Kosten der existierenden Massenarbeitslosigkeit.

---

[69] vgl. Angenendt (1997a:59).
[70] vgl. ebd. (1997a:60).

Zweitens gehen alle vorliegenden Modelle davon aus, daß die Zuwanderung politisch gesteuert werden kann. Dabei werden allerdings illegale Einwanderungen, die auch künftig nicht verhindert werden können, in der Regel nicht berücksichtigt, obwohl sie erhebliche Auswirkungen auf die Arbeitsmärkte haben. Es ist zu erwarten, daß illegale Zuwanderer vor allem eine Konkurrenz für niedrig qualifizierte einheimische Arbeitnehmer sind. Prognosen zum Umfang der künftigen illegalen Beschäftigung sind derzeit ebenso unmöglich, wie eine Bewertung ihrer Konsequenzen.

Vor allem aber ist unklar, wie die volkswirtschaftlichen Folgen zu beurteilen sind, beispielsweise im Hinblick auf die Tatsache, daß auch Illegale als Konsumenten auftreten oder bezüglich möglicher Produktionsverlagerungen ins Ausland, wenn Unternehmer nicht mehr bereit dazu sind, für niedrig produktive Tätigkeiten hohe Löhne zu zahlen. In diesem Zusammenhang muß sich die Frage stellen, wie die Anreize für Arbeitgeber, Illegale zu beschäftigen, reduziert werden können.[71]

---

[71] vgl. Angenendt (1997a:65).

3.5.2) Künftige Zuwanderung und Sozialstaat

Zwei Aspekte bestimmen die politische Diskussion um die Folgen für den Sozialstaat im Hinblick auf eine künftige Zuwanderung. Die erste Argumentation besagt, daß künftige Zuwanderungen insbesondere Armutswanderungen sein werden, unter denen die unterprivilegierten Menschen der Aufnahmegesellschaft zu leiden hätten, da ihnen zusätzliche Konkurrenz um knappe Arbeitsplätze, Wohnraum und Sozialleistungen entstehen würde. Prognostizierte Folgen wären politische Polarisierung und Radikalisierung, der Zerfall der gesellschaftlichen Ordnung und zunehmende Gewalt. Weitere Zuwanderungen, vor allem von Asylbewerbern, werden daher mit dem Hinweis auf die begrenzten Aufnahmekapazitäten des Sozialstaats abgelehnt.[72]

Die zweite Argumentation geht davon aus, daß das Wertschöpfungsgefälle zwischen hoch und niedrig produktiven Wirtschaftssektoren in hochentwickelten Industrieländern immer höher wird.[73]

Findet die Zuwanderung in Sektoren mit hohem Wertschöpfungsgrad statt, entlastet diese den Sozialstaat. Findet sie hingegen in Sektoren statt, in denen Sozialtransfers stattfinden, belastet sie den Sozialstaat. Das Spannungsverhältnis von Zuwanderung und Sozialstaat besteht dann darin, daß möglicherweise wenig qualifizierte und produktive Menschen in großer Anzahl nach Deutschland zuwandern werden, daß aber nicht zuletzt deshalb in geraumer Zukunft forciert Kapital und Ideen abwandern könnten.[74]

In den letzten Jahren haben Zuwanderer im Vergleich zu den Einheimischen überproportional Leistungen der Arbeitslosenversicherung beansprucht. Gleichzeitig haben sie aber überdurchschnittlich in Wirtschaftssektoren mit hoher Beschäftigungsfluktuation gearbeitet. Vergleicht man hingegen die von deutschen und ausländischen Haushalten aufgewendeten Krankenversicherungsbeiträge und die in Anspruch genommenen Leistungen, besteht begründeter Anlaß für die Vermutung, daß Zuwanderer in einer Nettozahlerposition sind.

---

[72] vgl. Afheldt (1993: 44 f.).
[73] Vgl. Miegel in Angenendt (1997b:99 f.).
[74] vgl. Angenendt (1997a:66/67).

Entsprechend ihrer günstigeren Altersstruktur haben sie Leistungen der Rentenversicherung unterdurchschnittlich in Anspruch genommen. Es ist zu erwarten, daß sich dieser Positivaspekt mit zunehmender Aufenthaltsdauer und einer Angleichung ihrer Altersstruktur an die einheimische Bevölkerung relativieren wird.[75]

---

[75] vgl. Angenendt (1997a:69).

3.6) Aspekte des Arbeits- und Aufenthaltsrechts der BRD

Den gestiegenen Anforderungen an die Zuwanderung von jungen und gut qualifizierten Arbeitnehmern werden die hier geltenden Vorschriften nicht gerecht. Die aufenthalts- und arbeitsrechtlichen Vorschriften bilden mit verstreuten Zuständigkeiten ein sehr komplexes und undurchsichtiges Rechtsgebiet und sind äußerst unzureichend aufeinander abgestimmt. Das Ausländer- und Arbeitserlaubnisrecht gehen von den Grundsätzen der einstigen Zuwanderungsbegrenzung und des Anwerbestops von 1973 aus. Die Praxis zeigt, daß die Verfahrens- und Aufenthaltsbedingungen für dringend benötigte qualifizierte Fachkräfte in der BRD unattraktiv sind. Die Zuständigkeit verschiedener Behörden mit unterschiedlichen Rechtsgrundlagen führt häufig zu einer langen Verfahrensdauer und zu Reibungsverlusten.[76] Unübersichtliche Regelungen führen zudem zur Verunsicherung der betroffenen Arbeitgeber und der ausländischen Arbeitnehmer. Die Gewährung eines Daueraufenthaltsrechts für Erwerbstätige von Anfang an ist im Ausländerrecht nicht vorgesehen. In dem auf Zuwanderungsbegrenzung ausgerichteten Ausländerrecht sind konkrete staatliche Integrationsangebote und –hilfen nur vereinzelt geregelt. Der Bund ist dabei nur in Teilbereichen der Integrationsförderung aktiv und konzentriert seine Integrationsmaßnahmen vor allem auf die Sprachförderung, die Spätaussiedlern und Ausländern nach unterschiedlichen Modalitäten angeboten wird. Dieses Gesetz sieht keine Integrationsmaßnahmen vor. Zudem ist das Ausländerrecht stark durchnormiert. Das System der fünf Aufenthaltstitel[77] und die Voraussetzungen für deren Erteilung ist für die betroffenen Personen oftmals unverständlich und für Juristen schwer zu handhaben. Neben den Aufenthaltstiteln gibt es noch die Aufenthaltsgestattung des Asylverfahrensgesetzes und die Duldung. Die Duldung hat ihrerseits dazu geführt, daß sie als Aufenthaltstitel angesehen und des öfteren mißbraucht wurde. Die Zuständigkeiten in den Bereichen Einwanderung, Asyl und Rückkehr von Ausländern sind auf mehrere Behörden verteilt.

---

[76] vgl. Mukazhanov (2004:78).
[77] Befristete und unbefristete Arbeitserlaubnis, Aufenthaltsberechtigung, Aufenthaltsbewilligung, Aufenhtaltsbefugnis

Dadurch wird die Koordinierung der für die Migrationssteuerung erforderlichen Maßnahmen deutlich erschwert.[78]

---

[78] vgl. Mukazhanov (2004:79/80).

4. Gesamteuropäische Aspekte der Migration

4.1) Migration - ein Thema der Innenpolitik?

In Deutschland wird Migration - im Gegensatz zu den klassischen Einwanderungsländern wie USA, Kanada und Australien - fast ausschließlich als innenpolitisches Thema behandelt.

Dies vernachlässigt einerseits das vergangene Jahrhundert in der deutschen Geschichte, nämlich die preußische Zuwanderungspolitik für Arbeitskräfte aus Polen, die Abwanderungspolitik des Kaiserreiches, die Zwangsarbeiterpolitik des Dritten Reiches und die Anwerbung von Gastarbeitern in den 1960er Jahren.

Andererseits können Migrationsprobleme bei zunehmender politischer Verflechtung im regionalen und internationalen Bereich, bei stetig wachsender sozialer Ungleichheit in der Welt und bei fortschreitender Globalisierung der Märkte nicht mehr nur einzelstaatlich gelöst werden. Vielmehr bedarf es der Kooperation der Nationalstaaten untereinander, die noch immer hinsichtlich der Wanderungsbewegungen die wichtigsten politischen Akteure auf internationaler Ebene sind.

Auf diesen Aspekt gehen wir in *Punkt 4.3.* noch näher ein, zunächst skizzieren wir allerdings die Einwanderung in die Europäische Union.

4.2) Einwanderungskontinent Europa

Die Staaten der Europäischen Union (EU) verstehen sich nicht als Einwanderungsländer, obwohl die meisten von ihnen schon seit Jahrzehnten erhebliche Zuwanderungen zu verzeichnen haben und damit die Einwanderung schon eine lange Tradition hat. „Den Wandel vom Aus- zum Einwanderungsland im 20. Jahrhundert ist eine historische Erfahrung, die fast alle europäischen Saaten teilen. Eine letzte Hochphase der überseeischen Auswanderung erlebte Europa 1945-60. Dann kehrten sich die Gewichte um ." [79] Inzwischen leisten Migranten nicht nur einen wesentlichen Beitrag zum Wirtschaftswachstum und zu den notwendigen Anpassungen an den Arbeitsmarkt, sondern machen auch einen politisch und gesellschaftlich bedeutsamen und immer noch anwachsenden Bevölkerungsanteil aus.

In diesem Abschnitt soll nun ein quantitativer und historischer Überblick über die Wanderungsbewegungen der EU gegeben werden.

Zunächst war Europa im Zeitraum zwischen 1750 und 1950 von Auswanderung Richtung Übersee geprägt (ca. 60-70 Mio. Emigranten). Zusätzlich fand auch innereuropäische Migration aus der Peripherie in die Ballungszentren statt. Signifikante Zuwanderung konnte erst ab der Mitte des 20. Jahrhunderts festgestellt werden, wobei diese vornehmlich zwischen den europäischen Staaten selbst zu beobachten war. Mit dem deutsch-italienischen Anwerbeabkommen im Jahre 1955 wurden die bald europaweiten, transnationalen Arbeits-wanderungen eingeleitet.

---

[79] Bade (2001:5)

Da sich in den 1960iger Jahren nun auch das Zeitalter der Überseewanderungen dem Ende zuneigte, wurde die negative gesamteuropäische Wanderungsbilanz zunehmend zu einer ausgeglichenen Bilanz. Ende der 1960iger Jahre überwog dann schon die Zahl der Zuwanderer aus der Türkei und aus Übersee. Ab den 1970iger Jahren wurden vermehrt Anwerbeverbote und Zuwanderungsbeschränkungen in den jeweiligen Aufnahmeländern beschlossen. Die meisten Arbeitsmigranten waren zwar in ihre Heimatländer zurückgekehrt, doch etliche entschlossen sich dazu, ihre Familienangehörigen nachzuholen. Dies bewirkte eine Entwicklung von der Zeitwanderung bis zum Daueraufenthalt und abschließend zur echten Einwanderung. Die ehemaligen Kolonialländer nahmen ca. sieben Millionen Migranten aus Übersee auf. In den 1980iger Jahren wurden auch die wirtschaftlich stark wachsenden südeuropäischen Länder – die früher Ausgangsräume für die Gastarbeiterwanderungen darstellten – zu Aufnahmeregionen von interkontinentalen Süd-Nord-Wanderungen. So wurden allmählich nicht nur aus europäischen Ländern, die Gastarbeiter beschäftigten, eindeutige Einwanderungsländer. Mit dem Ende des Kalten Krieges wurde in Europa die Angst vor Massenwanderungen aus dem Osten geschürt. Nun sah sich Europa unter heftigem „Wanderungsdruck" nicht nur aus dem Süden, sondern zusätzlich auch aus dem Osten. Wegen diesem „Bedrohungspotential" wurde Migrationspolitik vermehrt als ein Aspekt von „Sicherheitspolitik" verstanden. Jene Bedrohungsszenarien wurden jedoch im Laufe der Zeit falsifiziert. Im gesamten Zeitabschnitt 1950-90 war die ausländische Wohnbevölkerung in der EU um mehr als das Vierfache gestiegen (von 3,7 auf 16 Millionen Personen).

Das bedeutete für die Periode von 1950 bis 1998 einen Nettogewinn von drei Millionen Personen in Europa. „In den 90iger Jahren leistete die Nettozuwanderung in den meisten Mitgliedsstaaten den wichtigsten Beitrag zum Bevölkerungswachstum und schwankte für die EU zum Ende des Jahrzehnts um einen Wert von 850.000 (einschließlich rückkehrender EU-Bürger) pro Jahr. Die entsprechende Zahl für 2001 wird auf etwa über eine Million geschätzt."[80]

Neben den Formen der legalen Zuwanderung (Familiennachzug, postkoloniale Zuwanderung, Arbeitswanderung und Zuwanderung von Flüchtlingen und Vertriebenen) sind in Europa auch Formen der illegalen Einwanderung entstanden, die in ihrer Tragweite nicht zu unterschätzen sind. Zur Illegalität führen zum Beispiel: Das Überschreiten der Aufenthaltsfrist, das Arbeiten ohne Arbeitserlaubnis, das „Abtauchen" bei Ablehnung des Asylantrages, der Ausreiseaufforderung oder der Ankündigung von aufenthaltsbeendenden Maßnahmen. Nicht zu vernachlässigen sind außerdem die illegale heimliche Zuwanderung und die Zuwanderung mit gefälschten Papieren. Schätzungen gehen davon aus, daß auf die Aufdeckung von einem illegal zugereisten Migranten zwei weitere unentdeckte illegale Zuwanderer in die EU einreisen. So geschätzt hätte es 1999 ungefähr 780.000 versuchte illegale Grenzübertritte an den europäischen Außengrenzen gegeben, von denen nur ca. 260.000 scheiterten.[81]

Zu erwähnen in diesem Zusammenhang ist auch der damit verbundene enorme Anteil der illegalen Migranten an der Schattenwirtschaft, besonders im Baugewerbe.

---

[80] Kommission der europäischen Gemeinschaften (2003:9)
[81] vgl. Bade (2001:12)

Es wird vermutet, daß etwa ein Drittel der französischen Autobahnen von Illegalen gebaut wurden und der Bau des Kanaltunnels zwischen Großbritannien und Frankreich ohne die Arbeit Illegaler in höchste Schwierigkeiten geraten wäre. Auch Deutschland bzw. die Bundesregierung hätte auf der größten Baustelle Europas in Berlin manche Kostenspielräume und Einzugstermine ohne illegal Beschäftigte kaum realisieren können.

Zusammenfassend kann gesagt werden, daß Einwanderung heute in allen europäischen Ländern ein aktuelles politisches und ernst zu diskutierendes Thema ist, was unterstreicht, daß der Wandel zum „Einwanderungskontinent Europa" vollzogen wurde.

4.3) Außenpolitische Gestaltungsspielräume im Umgang mit europäischem Wanderungsdruck

Obwohl sich die meisten Bedrohungsvisionen seitens einiger Demographen hinsichtlich ganzer Völkerwanderungen von Osten gen Westen, sich als völlig überzogen herausstellten, ist ein gewisser Wanderungsdruck Richtung Westeuropa nicht von der Hand zu weisen.

Ursachen für die vermehrte Zuwanderung sind zum einen das hohe Wohlstandsgefälle und zum anderen innenpolitische oder militärische Konfliktsituationen in den Herkunftsländern (vor allem hinsichtlich der Zuwanderung aus den ost- und südosteuropäischen Staaten).

Außenpolitische Handlungsspielräume, in Bezug auf die Bekämpfung des Wanderungsdrucks, sind zu unterscheiden erstens nach direkter Bekämpfung der Wanderungsursachen und zweitens nach bilateraler bzw. multilateraler Migrationspolitik.

Die wichtigsten Instrumente zur Bekämpfung der Wanderungs-ursachen sind:

- <u>Humanitäre Hilfe</u>: Die Versorgung notleidender Bevölkerungen in Bürgerkriegssituationen oder bei Naturkatastrophen

mit lebensnotwendigen Gütern und Dienstleistungen kann Fluchtbewegungen gezielt verhindern. Allerdings ist die humanitäre Hilfe nur dann wirksam, wenn sich die Sicherheitslage in den betroffenen Gebieten verbessert.

- Sicherheitspolitik: „Dabei geht es nicht nur um den kontrollierten Einsatz von Geld, sondern gegebenenfalls auch um friedenssichernde Einsätze unter dem Dach der Vereinten Nationen oder anderer multinationaler Organisationen." [82]

- Entwicklungspolitik: Nachhaltige Entwicklungspolitik in den Ausgangsräumen der Migranten kann als vorbeugende Maßnahme dem unerwünschten Wanderungsdruck entgegenwirken.

- Außenhandelspolitik: Die Reduzierung der Einkommens- und Kaufkraftunterschiede zwischen Herkunfts- und Zielländern führt langfristig zur Verminderung von Wanderungen

Andere Instrumente zur Begrenzung von besonders illegaler Wanderung in Form von bilateraler bzw. multilateraler Migrationspolitik sind:

- Bilaterale Rücknahmeübereinkommen: „Die bilateralen Rücknahmeübereinkommen haben das Ziel, Personen aus dem Staatsgebiet zu entfernen, in dem sie sich unerlaubt aufhalten." [83]

Sie enthalten Regelungen zur Übernahme eigener Staatsbürger (Der Heimatstaat ist danach verpflichtet, seine Staatsangehörigen, die kein anderer Staat bei sich dulden will, wieder aufzunehmen) und zur Übernahme von Drittstaatangehörigen (Nach dem Grundsatz der guten Nachbarschaft hat jeder Staat die Verantwortung für jene Ausländer zu tragen, die in den Nachbarstaat gereist sind, obwohl sie dort die Voraussetzungen für die Einreise nicht erfüllen. Er muß solche Zuwanderer wieder selbst aufnehmen).

---

[82] Migration und Integration in Deutschland und Europa – Probleme und Perspktiven, S.?
[83] Glatzel (1997:108)

- Multilaterale Rücknahmeübereinkommen: Ein weiteres Mittel zur Steuerung der Zuwanderung ist das Schengen-Polen-Abkommen. Die Schengener Vertragsstaaten haben (im Juni 1990) - zusätzlich zum schrittweisen Abbau der Kontrollen an den gemeinsamen Grenzen, einer gemeinsamen Visapolitik und der Einführung eines Informationssystems zur polizeilichen Fahndung - ein Übereinkommen mit Polen über die Rücknahme von Personen beschlossen.

- Freizügigkeitsregelungen: Auch sie können unerwünschte Wanderungsbewegungen in Europa vermeiden, denn „wer jederzeit vorübergehend in einem anderen Mitgliedsstaat der EU arbeiten darf und die Freiheit hat, seinen Wohnsitz an einem beliebigen Ort in der Union zu nehmen, muss nicht die erstbeste Möglichkeit nutzen, in ein anderes Land zu ziehen, sondern kann mehr Chancen wahrnehmen, von seinem Wohnsitz aus seine Situation zu verbessern."[84]

- Assoziierungs-, Freihandels- und Partnerschaftsabkommen: Diese Abkommen sollen den Freihandel für gewerbliche Güter und Dienstleistungen garantieren und damit gleichzeitig einen stufenweisen Zugang für einzelne Länder als Vollmitglied in die EU ermöglichen (Bsp. Osterweiterung).

---

[84] Eekhoff (1997:118)

4.4) Integration der europäischen Migranten

Durch Zuwanderungssteuerung wie oben beschrieben wird auch eine erfolgreiche Integration begünstigt. „Ein unkontrolliertes, beliebiges „laissez-faire" würde Integrationsbemühungen erschweren, unkalkulierbare Konkurrenzbeziehungen zwischen Einheimischen und Immigranten entstünden. [85]

Eine erfolgreiche Integration von Migranten ist deswegen für den sozialen Zusammenhalt in der Gesellschaft und wirtschaftlichen Erfolg eines Landes von zentraler Bedeutung. Sie sollte als ein gegenseitiger Prozeß verstanden werden.

Das heißt, daß das die Gesellschaft des Gastlandes ihren Einwanderern einen formalen Rechtsrahmen bietet, sodaß der Einzelne am wirtschaftlichen, sozialen, kulturellen und gesellschaftlichen Leben teilnehmen kann. Allerdings muß der Einwanderer im Gegenzug auch die grundlegenden Normen und Werte des jeweiligen Gastlandes respektieren und sich selbst aktiv am Integrationsprozeß beteiligen, ohne jedoch dabei seine eigene Identität aufgeben zu müssen. [86]

Um eine ganzheitliche Integration gestalten zu können, sind folgende Teilbereiche besonders zu beachten:

1. Eingliederung in den Arbeitsmarkt, Bildung und Sprache
   Im westlichen Europa leben ca. 40 Millionen Ausländer, von denen schätzungsweise 40% erwerbstätig sind. Die Arbeitslosenquote der Zugewanderten liegt jedoch zum Teil erheblich über der der Inländer.
   Eine volle Eingliederung der Migranten in den Arbeitsmarkt ist elementar für deren Integration und das Gastland an sich.

---

[85] vgl. Werner/König (2001:22)
[86] vgl. Kommission der europäischen Gemeinschaften (2003:18)

Bei voller Ausschöpfung der Produktionspotentiale der Zugewanderten werden nicht nur die sozialen Sicherungssysteme geschont. Die Mehrheit der Migranten bringt zusätzlich Qualifikationen und Fertigkeiten mit, die in der EU von besonderem Nutzen sind und die internationale Wettbewerbsfähigkeit der europäischen Wirtschaft ausbauen können.

Allerdings sieht die Realität so aus, daß gut ausgebildete und qualifizierte Einwanderer oftmals schlechtbezahlte Arbeitsstellen unter ihrem Qualifikationsniveau annehmen müssen, um nicht in die Arbeitslosigkeit zu rutschen.

Um eine bessere Eingliederung zu erlangen, müssen akademische Qualifikationen und Abschlüsse von Ausländern stärker berücksichtigt bzw. anerkannt werden.

Weiterhin müssen Diskriminierungen am Arbeitsplatz und Rassismus bekämpft werden und den ausländischen Arbeitnehmern Kurse zum Erlernen der Landessprache (unzureichende Sprachkenntnisse stellen das Haupthindernis für eine solide Integration dar) und Weiterbildungsmaßnahmen zur Verfügung gestellt werden. Migranten sollte weiterhin ein umfangreicher Zugang zum landeseigenen Bildungssystem gewährleistet werden, da es nicht nur der Wissensvermittlung dient, sondern auch als Brücke zwischen den Kulturen formelles und informelles Wissen über Normen und Werte der Gesellschaft transportiert. [87]

2. Wohnen

Einwanderer leben meist in sozial schwachen Ballungsräumen und industrialisierten Gebieten mit einen hohen Anteil an ethnischen Minderheiten.

---

[87] vgl. Kommission der europäischen Gemeinschaften (2003:21)

Sie konzentrieren sich oft in so- genannten Ghettos, welche zur Isolation der Gemeinden stark beitragen und somit die Partizipation in der eigentlichen Gesellschaft erschweren. Negative Auswirkungen einer solchen Isolation spiegeln sich in sozialen Spannungen zwischen Einheimischen und Zugewanderten wider. Des weiteren können auch illegale Einwanderung und Drogenhandel diese Spannungen (welche sich oft in Fremdenfeindlichkeit äußern) fördern.

Eine vorausschauende Stadt- und Regionalplanung kann helfen die negativen Auswirkungen der städtischen Segregation abzumildern.

3. Gesundheits- und Sozialdienste

Auch der uneingeschränkte Zugang für Migranten (und nicht nur der stark eingeschränkte Zugang wie in der Praxis häufig üblich) zu den Gesundheits- und Sozialdiensten würde helfen, auf die spezifischen Probleme bestimmter ethnischer Minderheiten gezielter eingehen zu können.

4. Soziales und kulturelles Umfeld

Eine Teilnahme von Einwanderern am kulturellen und sozialen Leben, wie beispielsweise in (Sport)vereinen oder Schulgremien, an öffentlichen Diskussionen und Entscheidungen in der Politik, ist für die Integration unerläßlich. Auch hier muß die Politik geeignete Maßnahmen verabschieden um den Einwanderern eine Einbettung in die Gesellschaft zu ermöglichen.

5. Staatsangehörigkeit

Ein bedeutender Schritt zur Beschleunigung der Integration ist die Erlangung der Staatsangehörigkeit des Gastlandes. Sie bedeutet letztlich die endgültige Gleichheit von Einheimischen und Zugewanderten vor dem Gesetz und vermittelt das Gefühl der Zugehörigkeit.

„Die Staatsangehörigkeit garantiert dem Inhaber umfassende bürgerliche Rechte, die ihm die rechtlich verbriefte Teilnahme am politischen, bürgerlichen, gesellschaftlichen, wirtschaftlichen und kulturellen Leben des Mitgliedsstaates zusichern, in dem er ansässig ist." [88]

---

[88] Kommission der europäischen Gemeinschaften (2003:23)

5) Ausblick und Bewertung der Migration im deutschen und europäischen Kontext

5.1) Die Migration als entscheidender demographischer Faktor für die BRD

Nachdem die Einwanderung in Deutschland jahrzehntelang als Politikum für den Wahlkampf mißbraucht wurde, hat die deutsche Politik endlich realisiert, daß eine vernünftig gestaltete Zuwanderung unabdingbar für den zukünftigen gesellschaftlichen und ökonomischen Wohlstand dieses Landes ist. Zudem ist man sich heute weitestgehend einig darüber, daß die Bundesrepublik Deutschland insgesamt gesehen von der bisherigen Einwanderung profitiert hat und von künftiger Zuwanderung profitieren kann. Ohne eine geregelte Zuwanderung droht Deutschland ein herber Wohlstandsverlust, den keine noch so gut durchdachte und angepaßte Politik mehr verhindern kann. Der Grund dafür ist die seit längerem präsente demographische Krise, die in Deutschland vor allem durch den dramatischen Geburtenrückgang und die zunehmende Alterung der Gesellschaft ausgelöst wurde. Durch sie verringert sich die Zahl der Erwerbspersonen stetig, während immer mehr ältere Menschen in die verdiente Rente gehen wollen. Das führt zu einem enormen Arbeits- und vor allem Fachkräftemangel in der BRD. Die Menschen stehen vor leeren Sozial- und Rentenkassen, weil die Rente von immer mehr älteren Menschen von immer weniger jungen Erwerbstätigen mitfinanziert werden muß. Diese Diskrepanz kann auf Dauer zum Ende einer der wichtigsten deutschen Errungenschaften, dem Sozialstaat, führen und stellt eine große Gefahr für den gesamten Wohlstand in der Bundesrepublik Deutschland dar.

Die bisherige Politik hat es leider versäumt, diesen gravierenden Problemen rechtzeitig durch eine durchdachte und vernünftige Familien- und Zuwanderungspolitik entgegenzutreten. Mit dem Millennium sind wenigstens einige neue Initiativen in Richtung einer zukunftsweisenden Migrationspolitik ins Leben gerufen worden. Leider kam dieser Wandel ziemlich spät, denn alle Maßnahmen einer zukünftigen Politik werden wohl erst sehr langfristig ihre Wirkungen zeigen.

Man kann nur hoffen, daß man diesem Thema und der gesamten demographischen Entwicklung in Deutschland, die viel zu lange nicht als ernsthaftes Problem wahrgenommen wurde, künftig mehr Bedeutung zuspricht und eine Politik betreibt, die allen beteiligten Personen und Institutionen einen möglichst großen Nutzen bringt.

Endlich werden diese Probleme angepackt und von der Politik in den Mittelpunkt gestellt, denn noch können wir mit der richtigen Politik dafür sorgen, daß die Bundesrepublik Deutschland auch in Zukunft ein sozialer Wohlfahrtsstaat bleibt, beziehungsweise wieder zu mehr Wohlstand und Sozialstaatlichkeit findet.

5.2) Anforderungen an eine zukünftige europäische Migrationspolitik

Die Zuwanderungen in die europäischen Staaten wird in Zukunft noch weiter zunehmen. Da es in naher Zukunft kaum noch Migrationspotentiale innerhalb der EU geben wird, kommen als Herkunftsregionen zukünftiger Zuwanderer vor allem Asien und Teile Afrikas in Frage. [89] Sollen entsprechende politische Folgen wie etwa Legitimitätsverlust und politischer Extremismus vermieden werden, muß eine umfassende und nachhaltige Migrationspolitik verfolgt werden. Dazu gehört auch, daß die europäischen Staaten sich selbst als Einwanderungsländer, und letztlich ganz Europa als Einwanderungskontinent, definieren.

Die künftige Migrationspolitik darf nicht mehr nur von einzelnen Staaten oder bilateral betrieben werden. Sie muß konsequent multilateral auf europäischer Ebene verfolgt und durchgeführt werden. Das bedeutet im besonderen eine Verabschiedung von verbindlichen europäischen Richtlinien bezüglich der Zuwanderungssteuerung und der Integrationsmaßnahmen für die bereits zugewanderten Ausländer. Zu den migrationspolitischen Aufgaben der EU gehört auch die Bekämpfung der eigentlichen Migrationsursachen. Hiernach müßte die europäische Entwicklungshilfe stärker ausgerichtet werden, wobei zu bedenken ist, daß eine Öffnung der europäischen Märkte für Produkte und Dienstleistungen aus den Herkunftsländern ein sehr viel wirksameres Instrument für die wirtschaftliche Entwicklung vieler Herkunftsgebiete von Migranten wäre.

---

[89] vgl. Münz (2000:12)

Die Herstellung eines einheitlichen Rechtsraumes ist für den Erfolg des wirtschaftlichen Umbaus und des sozialen Zusammenhalts der unterschiedlichen Kulturen in der Europäischen Union eine Grundvoraussetzung.

6) Literaturverzeichnis

Afheldt, Horst (1993): *Sozialstaat und Zuwanderung*. In: *Aus Politik und Zeitgeschichte*. 12.02.1993, B7, S.42-52.

Angenendt, Steffen (1997a): *Deutsche Migrationspolitik im neuen Europa*. Verlag Leske + Budrich, Opladen.

Angenendt, Steffen/Kruse, Imke (2003): *Der schwierige Wandel. Die Gestaltung der deutschen und europäischen Migrationspolitik an der Wende vom 20. zum 21. Jahrhundert*. In: Oltmer, Jochen (2003): *Migration steuern und verwalten*. Universitätsverlag Osnabrück, V&R unipress, Göttingen, S. 481-498.

Bade, Klaus (2001): *Historische Erfahrungen und aktuelle Probleme*. Aus dem Internet: http://www.nlpb.de/04-pub/pub-archiv-migra1.htm, 17.11.2004

Bade, Klaus/Oltmer, Jochen (2004): *Normalfall Migration*. Bundeszentrale für politische Bildung, Bonn, S. 133-140.

Birg, Herwig (2001): *Die demographische Zeitenwende. Der Bevölkerungsrückgang in Deutschland und Europa*. Beck Verlag, München.

Bundesministerium des Innern (2000): *Modellrechnungen zur Bevölkerungsentwicklung in der Bundesrepublik Deutschland bis zum Jahr 2050*.

Bundesministerium des Innern (2001): *Zuwanderung gestalten – Integration fördern. Bericht der Unabhängigen Kommission „Zuwanderung"* - Zusammenfassung -. Zeitbild Verlag GmbH, Berlin.

Cyrus, Norbert (2003): *Gespaltene Arbeitsmigration.*
Herausforderung für Zivilgesellschaft und Migrations-
sozialarbeit. In: Schröer, Wolfgang/Sting, Stephan (2003):
Gespaltene Migration. Verlag Leske + Budrich, Opladen,
S. 29-58.

Deutscher Bundestag (2000): *Sechster Familienbericht.*
Familien ausländischer Herkunft in Deutschland. Leistungen-
Belastungen-Herausforderungen und Stellungnahme der
Bundesregierung. Bundestags-Drucksache 14/4357.

Eekhoff, Johann (1997): *Freizügigkeitspolitik und*
Assoziierungsabkommen der Europäischen Union. In:
Angenendt, Steffen (1997b): *Migration und Flucht.* Verlag
Oldenbourg, München, S.116-123.

Glatzel, Horst (1997): *Bilaterale Rücknahmeübereinkommen*
und multilaterale Harmonisierungspolitik. In: Angenendt,
Steffen: *Migration und Flucht.* Verlag Oldenbourg, München,
S.107-115.

Grünheid, E./Scholz, R. (1996): *Bericht 1996 über die*
demographische Lage in Deutschland. Zeitschrift für
Bevölkerungswissenschaft, 21, S.345-439

Grünheid, E./Mammey, U. (1997): *Bericht 1997 über die*
demographische Lage in Deutschland. Zeitschrift für
Bevölkerungswissenschaft, 22, S.377-480.

Hof, B. (1994): *Möglichkeiten und Grenzen der Eingliederung*
von Zuwanderern in den deutschen Arbeitsmarkt. S.21 ff
(Anm. 79). In: Angenendt, Steffen (1997a): *Deutsche*
Migrationspolitik im neuen Europa. Verlag Leske + Budrich,
Opladen.

Kommission der europäischen Gemeinschaften (2003): *Mitteilung an den Rat, das Europäische Parlament, den Europäischen Wirtschafts- und Sozialausschuss und den Ausschuss der Regionen über Einwanderung, Integration und Beschäftigung.* Aus dem Internet: http://www.europa.eu.int/comm/employment_social/social_poli cy_agenda/com_2003_57_de.pdf, 12.11.2004

Luy, Marc (2002): *Die Bedeutung von Zuwanderung für die deutsche Bevölkerung.* In: Praxis Geographie 32, Westermann Verlag, S. 26-31.

Mahning, Hans (2001): *„Ist Deutschland wirklich anders?" Die deutsche Integrationspolitik im europäischen Vergleich.* In: Currle, Edda/Wunderlich, Tanja (2001): *Deutschland – ein Einwanderungsland? Rückblick, Bilanz und neue Fragen.* Verlag Lucius & Lucius, Stuttgart, S. 159-195.

Meier-Braun, Karl-Heinz (2002): *Deutschland, Einwanderungsland.* Suhrkamp-Verlag, Frankfurt am Main.

Miegel, Meinhard (1997): *Zuwanderung und Sozialstaat.* In: Angenendt, Steffen (1997b): *Migration und Flucht.* Bundeszentrale für politische Bildung Band 342, Bonn, S. 99-104.

Mukazhanov, Timur (2004): *Ein „weltoffenes Land"? Deutschlands langer Weg zu einer neuen Politik der Zuwanderung.* Inaugural-Dissertation zur Erlangung der Doktorwürde der Philosophischen Fakultät der Albert-Ludwigs-Universität zu Freiburg im Breisgau.

Münz, Rainer/Ulrich, Ralph (1996): *Internationale Wanderungen von und nach Deutschland, 1945 – 1994.* In: Allgemeines Statistisches Archiv 80, Vandenhoeck & Ruprecht, S. 5-35.

Münz, Rainer (2000): *Woher? Wohin? Europäische Integrationsmuster 1950-2000.* Aus dem Internet: http://www.nlpb.de/04-pub/pub-archiv-migra1.htm, 14.01.2004

Nauck, Bernhard (2001): *Familien ausländischer Herkunft und der Sozialstaat.* In: Currle, Edda/Wunderlich, Tanja (2001): *Deutschland – ein Einwanderungsland? Rückblick, Bilanz und neue Fragen.* Verlag Lucius & Lucius, Stuttgart, S. 249-270.

Pries, Ludger (2003): *Gespaltene Migration – gespaltene Gesellschaft? Migranten-Inkorporation in Zeiten der Transnationalisierung.* In: Schröer, Wolfgang/Sting, Stephan (2003): *Gespaltene Migration.* Verlag Leske + Budrich, Opladen, S. 111-126.

Rudolph, Hedwig (1996): *Die Dynamik der Einwanderung im Nichteinwanderungsland Deutschland.* In: Heinz Fassmann/ Rainer Münz (Hrsg.), *Migration in Europa: historische Entwicklung, aktuelle Trends und politische Reaktionen.* Campus Verlag, Frankfurt am Main, New York S.161-181.

Rürup, Bert/Sesselmeier, Werner (1993): *Die demographische Entwicklung Deutschlands: Risiken, Chancen, politische Optionen.* In: *Aus Politik und Zeitgeschichte, Nr. B 44, 1993, S. 3-15, S. 7ff.*

Sesselmeier, Werner (2002): *Zuwanderung und der „Reichtum der Nationen": demographische, ökonomische und fiskalische Aspekte.* In: Treichler, Andreas (2002): *Wohlfahrtsstaat, Einwanderung und ethnische Minderheiten.* Westdeutscher Verlag, Wiesbaden, S.37-46.

Werner, Heinz/König, Ingeborg (2001): *Integration ausländischer Arbeitnehmer in die Arbeitsmärkte der EU-Länder, ein europäischer Vergleich.* IAB-Werkstattbericht Nr.10

BEI GRIN MACHT SICH IHR WISSEN BEZAHLT

- Wir veröffentlichen Ihre Hausarbeit,
  Bachelor- und Masterarbeit

- Ihr eigenes eBook und Buch -
  weltweit in allen wichtigen Shops

- Verdienen Sie an jedem Verkauf

Jetzt bei www.GRIN.com hochladen und kostenlos publizieren